교양 꿀꺽
우리나라 근대에는 어떤 일이 있었을까?

교양 꿀꺽
우리나라 근대에는 어떤 일이 있었을까?

이계형 지음 | 천현정 그림

봄마중

차례

머리말 · 6

1 고종은 어떻게 왕이 되었을까? · 11

2 왜 나라의 문을 굳게 닫아걸었을까? · 21

3 왜 일본에 항구를 열었을까? · 31

4 지킬까? 받아들일까? · 39

5 근대 학교와 병원은 어떻게 생겼을까? · 49

6 군인들은 왜 난을 일으켰을까? · 57

7 갑신정변은 왜 실패했을까? · 65

8 농민들이 들고일어난 이유는 뭘까? · 75

9 의병은 어떻게 싸웠을까? · 85

10 고종은 왜 대한제국을 세웠을까? · 95

11 을사늑약은 어떻게 맺어졌을까? · 103

12 나라를 구하기 위해 어떤 노력을 했을까? · 113

머리말

 '우리나라는 조선시대에서 어떤 과정을 거쳐 지금의 대한민국이 되었을까?'
 '우리는 어떻게 일본에 나라를 빼앗기게 된 걸까?'
 '근대 사람들은 어떻게 살았을까?'
 누구나 한 번쯤은 이런 궁금증을 가져봤을 거야.
 우리나라의 '근대'라고 하면, 강화도 조약으로 나라의 문을 열었던 1876년부터 1945년 8월 일본으로부터 해방될 때까지를 말해. 하지만 이 책은 1863년에 고종이 왕위에 올랐을 때부터 1910년 일본에 강제로 나라를 빼앗겼을 때까지를 다루고 있어. 을사늑약이 체결된 이후 우리나라는 일본의 지배를 받았고, 그때부터는 일제강점기

로 나눠서 살펴보는 게 더 낫기 때문이야.

역사를 배우는 것은 우리 자신의 뿌리를 이해하는 데 도움이 돼. 특히 우리나라의 근대사는 지금의 대한민국이 어떻게 만들어졌는지를 보여 주기 때문에 교훈과 함께 자부심도 느낄 수 있지.

또 역사를 공부하면 다양한 사건과 인물을 만나고 그 사건이 현재에 미친 영향을 알게 되는데, 그 속에서 비판적인 사고 능력을 기를 수 있어.

우리나라 근대사는 사회적 변화와 갈등이 많았던 격동의 시기였어. 가슴 아프고 힘든 시기였지만 이 과정을 살펴보면서 우리는 사회적 책임감이 무엇인지, 공동체 의

식이 어떤 것인지 배울 수 있지.

 또 과거의 실수를 반복하지 않기 위해 무엇을 해야 하는지도 깨닫게 돼. 역사를 통해 과거의 성공과 실패를 배우면, 더 나은 미래를 준비하는 데 도움이 되거든. 역사는 단순히 과거의 이야기가 아니라 미래를 위한 교훈이니까.

 "역사를 잊은 민족에게는 미래가 없다."라는 말을 들어 본 적이 있지? 이것이 우리가 근대사를 알아야 하는 이유야.

 자, 지금부터 우리나라의 근대 역사 속으로 풍덩 들어가 볼까?

1

고종은 어떻게 왕이 되었을까?

조선 시대 어느 시골 마을의 시끌벅적한 장터로 한 남자가 들어섰어. 초라한 차림새의 남자는 술에 취한 채 여기저기를 기웃거렸지. 사람들은 대낮부터 술에 취해 비틀거리는 남자의 뒷모습을 보며 혀를 끌끌 차거나 귓속말로 수군댔어. 하지만 남자는 사람들의 시선 따위는 아랑곳하지 않았지. 남자의 마음속에는 겉보기와 달리 불타오르는 야망이 꿈틀거리고 있었거든.

> '언젠가는 기울어진 이 나라를
> 내 손으로 다시 일으켜
> 세우고야 말겠어.'

이 남자는 정조의 동생인 은신군의 손자로, 귀한 왕족이었어. 하지만 당시에 큰 권력을 휘두르던 안동 김씨 가문에게 밀려 쥐 죽은 듯 살고 있었지.

그는 어려서부터 재능이 뛰어나고 머리가 똑똑했어. 권력을 쥐고 있던 사람들은 그런 그를 주의 깊게 살펴보며 경계하고 있었지. 그래서 보잘것없는 사람인 척하며

사람들의 눈을 속인 채 때를 기다리고 있었던 거야. 아무도 몰래 궁중의 최고 어른인 익종의 왕비, 조 대비와도 가깝게 지내고 있었지. 익종은 순종의 아들인데 일찍 죽었어. 그의 아들 헌종은 8세에 왕으로 즉위했어. 조선시대 왕 가운데 가장 어린 나이에 왕이 되었지. 그래서 어머니인 순원왕후가 대신 나라를 다스렸어.

하지만 헌종마저 23세에 세상을 뜨자, 왕위를 이를 사람이 없었지. 신하들은 강화도에서 평민처럼 살고 있던 누군가를 모셔 왔어. 그가 조선의 25대 왕인 철종이야. 강화도에서 왔다고 해 '강화 도령'이라는 별명이 붙었지.

마침내 그가 손꼽아 기다리고 기다리던 때가 왔어. 철종이 33세의 나이로 갑자기 세상을 떠난 거야. 궁궐에는 철종의 뒤를 이을 사람이 없었지. 그는 조 대비의 힘을 빌려 조심스럽게 자신의 둘째 아들을 왕위로 밀어 올렸어. 바로 고종이야. 오랜 세월을 꾹꾹 참으면서 숨죽여 때를 기다린 끝에 드디어 왕의 아버지가 된 거지. 이 남자가 바로 **흥선 대원군 이하응**이야.

흥선 대원군은 어린 둘째 아들을 왕위에 앉히고는 자기

마음대로 권력을 휘둘렀어.

"그 당시의 나라 안팎의 상황은 어땠어?"

18~19세기 산업혁명으로 발전하기 시작한 서유럽의 나라들은 다른 나라를 식민지로 만들기 위해 열을 올리고 있었어.

19세기로 들어서면서 서양의 나라들은 아시아로 눈을 돌리기 시작했어. 특히 땅이 넓고 자원이 풍부한 중국에 눈독을 들였지. 하지만 중국은 나라의 문을 굳게 닫고 있었어. 조선을 비롯한 동아시아의 다른 나라들도 크게 다르지 않았어.

당시 영국은 중국 청나라에서 차를 많이 수입했어. 차는 타고 다니는 자동차가 아니라 마시는 차야. 차를 계속 사오면서 손해가 커지자, 고민하던 영국은 인도에서 생산된 아편을 중국에 수출하기 시작했어. 그러자 청나라는 무척 화가 났지. 아편 때문에 많은 은이 영국으로 빠져나

갔고 백성들의 건강도 나빠졌거든.

결국 청나라 정부는 아편을 불태우거나 아편을 파는 영국 장사꾼들을 내쫓아 버렸어. 그러자 영국도 가만 있지 않았지. 아편 무역을 보호한다는 핑계로 전쟁을 일으킨 거야. 이 전쟁이 1840년에 일어난 아편 전쟁이야.

"아편 전쟁에서는 어느 나라가 이겼어?"

청나라는 영국에 맞서 힘껏 싸웠지만 지고 말았어. 그 결과로 영국과 난징 조약을 맺고 엄청난 배상금도 물어내야 했지. 상하이를 비롯한 다섯 개의 항구도 열어야 했어. 이 일은 오랫동안 중국을 큰 나라로 섬겨 왔던 조선과 일본에 큰 충격을 주었지.

그런데 청나라는 조약을 맺은 다음에도 약속을 지키지 않고 항구를 열지 않았어. 그러자 영국과 프랑스 연합군은 청나라 수도인 베이징을 공격해 황제를 내쫓고 황실 정원에 불을 질렀어. 결국 청나라는 서구 열강에 무릎을

꿇을 수밖에 없었지.

19세기에 접어들면서 조선 땅에도 다른 나라의 배인, **이양선**이 마음대로 자꾸 들어왔어. 나라에서는 이 배들을 막을 대책을 세우느라 골치가 아팠지.

별달리 뾰족한 방법이 없었던 조선에서는 우선 지방 관리들에게 바닷가를 철저히 지키라고 명령했어. 옆 나라인 중국이 아편전쟁을 치르면서 고생한 것을 알면서도 상황이 심각하다는 것을 깨닫지 못한 거야.

2

왜 나라의 문을 굳게 닫아걸었을까?

"흥선 대원군은 어떤 정책을 펼쳤어?"

아들을 대신해 권력을 쥐게 된 흥선 대원군은 자신이 오랫동안 품고 있던 뜻을 서서히 펼치기 시작했지. 그동안 왕의 힘은 순조, 헌종, 철종으로 이어지면서 왕실 외척들에 의해 약해져 있었어. 외척은 외가 쪽, 즉 어머니 또는 왕비 쪽의 친척을 말해. 왕의 힘보다 외척의 힘이 더 강했던 거야.

게다가 고종이 왕위에 오르기 1년 전인 1862년 진주에서는 백성들이 난을 일으켰어. 이를 시작으로 나라 곳곳에서 백성들의 불만이 터져 나와 어수선했지. 흥선 대원군은 백성들의 생활을 안정시키는 데 힘을 기울이기 시작했어.

우선 왕의 힘을 강력하게 만들기 위해 애썼어. 대표적인 몇 가지만 설명하면, 첫 번째로 당시 조정에서 크나큰 권력을 휘두르고 있던 외척 세력인 안동 김씨 사람들을 모조리 내쫓았어. 그래야 능력 있는 새로운 인재들을 불러들일 수 있었으니까.

두 번째로 **경복궁**을 다시 짓기 시작했어.

경복궁은 조선이 세워지고 처음 만들어진 궁궐이야. 그만큼 왕의 힘을 나타내는 중요한 의미를 지니고 있었지. 그런데 경복궁이 **임진왜란** 때 불타 버린 뒤 그냥 내버려져 있었어. 다시 지으려면 돈이 너무 많이 들었거든. 흥선 대원군은 경복궁을 다시 지어 무너진 왕의 힘을 되찾으려고 했어.

세 번째로 **서원**을 없애버렸어. 원래 서원은 훌륭한 학자들을 받들어 제사를 지내고 양반의 자식들을 교육하던 사립학교 같은 곳이었어. 그런데 조선 후기로 접어들면서 권력을 잡으려는 사람들이 모여드는 곳으로 변하고 말았지. 또 자신의 집안을 드높이려고 너도나도 서원을 짓는 바람에 서원의 수가 너무 많아졌어. 서원은 많은 땅을 가지고 있는 데다 노비까지 거느렸지만 세금을 한 푼도 내지 않았지.

흥선 대원군은 서원을 없애 버리고 서원이 가지고 있던 땅과 노비를 모조리 거두어들여 나라의 것으로 만들었

어. 그리고 그동안 세금을 내지 않았던 양반에게도 세금을 내게 했지.

흥선 대원군의 이러한 정책은 그동안 나쁜 관리들 밑에서 억눌려 살아 왔던 백성들의 환호를 받았어.

"그렇다면 나라 밖으로는 어떤 정책을 펼쳤을까?"

흥선 대원군은 나라의 문을 활짝 열고 다른 나라의 문물을 받아들였을까, 아니면 문을 꽉 닫고 있었을까?

흥선 대원군은 나라의 문을 꼭꼭 닫아걸었어. 이것을 <u>쇄국정책</u>이라고 해. 백성의 생활을 안정시키고 왕의 힘을 강하게 하는 등 나라 안의 일에만 신경을 썼지.

그럼에도 프랑스, 미국 등 서양 나라들은 이양선을 타고 와서 물건을 사고팔자면서 여러 번 청했어. 그러나 흥선 대원군은 콧방귀를 뀌며 절대로 응하지 않았지. 서양 사람들을 한낱 오랑캐쯤으로만 생각하고 얕보았던 거야.

결국 일은 터지고야 말았어. 1866년부터 프랑스 선교사들과 천주교 신자들을 마구 체포해 많은 사람을 처형했지. 조선은 천주교를 금하고 있었거든. 이 사건을 **병인박해**라고 하는데, 이때 간신히 도망친 3명의 선교사들이 중국에 머물고 있던 프랑스 해군에게 이 사실을 알린 거야. 프랑스는 가만히 있을 수 없다며 군함을 몰고 조선으로 쳐들어왔어. 병인박해를 핑계로 조선의 문을 열 속셈도 있었지.

하지만 흥선 대원군은 대수롭지 않게 여겼어. 다행히 프랑스 군함은 강화도를 거쳐 한강을 거슬러 올라왔다가 둘러만 보고는 그대로 돌아갔어. 그런데 그게 끝이 아니었지. 얼마 뒤 다시 와서 강화도를 공격했거든.

조선의 군사들은 힘껏 싸웠지만 총이라는 무기 앞에서는 방법이 없었지. 하지만 조선군은 끝까지 맞서 싸웠고 프랑스군은 40일 만에 물러갔어. 이렇게 프랑스군이 우리나라에 쳐들어온 사건을 **병인양요**라고 해.

"프랑스 말고 다른 나라들은 어땠어?"

물론 가만 있지 않았어. 미국도 조선에 들어올 기회를 호시탐탐 노리고 있었지. 그러던 차에 미국의 제너럴셔먼호가 대동강을 거슬러 평양까지 올라와 물건을 사고팔자고 청했어.

미국 상인들은 비단, 유리그릇, 천리경(망원경), 자명종 등을 가지고 와서 조선의 쌀, 종이, 홍삼, 호랑이 가죽 등을 사 가려고 했지. 조선은 조용히 예의 있게 거절했지만 미국 상인들은 말을 듣지 않고 조선 병사를 붙잡아 갔어. 화가 난 마을 사람들이 배를 향해 돌을 던지자 뱃머리를 돌리던 제너럴셔먼호가 모래톱에 갇혀 옴짝달싹 못 하게 되었지. 그러자 사람들은 배를 불태워 버렸어. 미국 배가 흔적도 없이 사라진 거야.

그 뒤 미국은 제너럴셔먼호도 찾을 겸, 조선 땅에서도 물건을 팔 요량으로 조약을 맺자며 대함대를 보냈어. 조선은 돌아가라고 말했지만 대함대는 물러나지 않았지.

결국 두 나라 사이에 싸움이 벌어졌어. 미국은 배에서 포를 쏴 댔고 강화도에 상륙해서는 초지진과 덕진진을 차지해 버렸어.

"그렇게 좁은 곳에서 그토록 짧은 시간에 그처럼 치열한 전투를 본 일이 없었다."

그 당시 조선과 미국의 싸움을 지켜본 미국군이 남긴 말이야. 결국 미국 대함대는 조선의 문을 여는 것을 포기하고 강화도에서 물러났어.

프랑스와 미국의 침략으로 조선에서는 군사들뿐만 아니라 수많은 백성들이 다치거나 목숨을 잃었어. 게다가 강화도 외규장각에 있던 소중한 문화유산들도 많이 빼앗겼지.

두 번이나 서양 나라들의 침략을 받은 흥선 대원군은 절대로 문을 열지 않겠다는 의지를 더욱 다졌어. 그리고 이 뜻을 널리 알리기 위해 나라 곳곳에 척화비를 세웠지. 척화비에는 이렇게 새겨져 있었어.

"서양 오랑캐가 쳐들어오는데 싸우지 않는 것은 곧 손을 잡는 것이요, 손을 잡는 것은 나라를 파는 것이다."

하지만 단단하고 강력하던 흥선 대원군의 세력도 점점 약해졌어. 서원을 없애면서 많은 선비들이 흥선 대원군에게 등을 돌렸거든. 또 경복궁을 다시 짓기 위해서 일도 하고 세금도 많이 내야 했던 백성들도 점점 불만이 커지게 되었지.

이를 재빠르게 이용한 사람은 바로 고종의 왕비인 **명성황후**였어. 명성황후와 시아버지 흥선 대원군은 사이가 좋지 않았어. 명성황후는 이제 시아버지가 자리에서 물러나고 남편인 고종이 직접 나라를 다스려야 한다고 주장했지. 많은 신하들도 명성황후와 뜻을 같이하자. 흥선 대원군은 어쩔 수 없이 10년 만에 물러나고 말았어.

3

왜 일본에 항구를 열었을까?

고종은 왕위에 오른 지 10년 만에 나라를 직접 다스리게 되었어. 고종은 자신을 도와 나랏일을 할 신하들을 새롭게 뽑았지. 그리고 그동안 흥선 대원군이 막무가내로 해 나갔던 여러 가지 정책을 손보기 시작했어.

우선 부족한 나라 살림을 메우려고 백성들에게 마구 거두어들이던 세금을 줄였어. 경복궁을 짓는 것처럼 백성들을 밤낮 없이 힘들게 하는 큰 공사도 하지 않았지.

그런데 흥선 대원군이 물러나면서 서양의 문물을 받아들여야 한다는 목소리가 점점 높아졌어.

당시 일본은 200여 년 동안 굳게 닫았던 나라의 문을 열어 미국, 영국, 러시아, 네덜란드 등과 교류하며 발전을 꾀하고 있었지. 물론 일본도 원하지 않았지만 미국이 억지로 문을 열게 한 거였어.

그러던 1875년, 일본의 운요호가 부산에 도착했어. 아무런 말도 없이 말이야. 운요호는 서해안을 거슬러 강화도의 초지진에 이르렀어. 조선군이 깜짝 놀라 배를 향해 포를 쏘자, 일본군은 기다렸다는 듯이 더 강한 대포를 쾅쾅 쏘아대며 초지진을 단숨에 무너뜨렸지. 그러고는 마을에 불을 질렀어. 그동안 조선은 두 번이나 서양의 침략을 받고 군사들을 훈련시켜 왔지만 신식 무기 앞에서는 아무 소용이 없었어.

일본은 허락도 없이 조선에 발을 디딘 것도 모자라 공격까지 하면서도 오히려 당당했어. 물을 구하려고 초지진으로 다가갔을 뿐인데 조선이 먼저 공격해서 어쩔 수 없었다는 말도 안 되는 억지를 부렸지.

일본은 **운요호 사건**을 핑계로 조선의 문을 열 속셈이었던 거야. 마치 미국이 일본에게 했던 것처럼 말이지. 다짜고짜 강화도에서 회담을 하자면서 응하지 않으면 서울로 쳐들어가겠다고 협박했어.

어쩔 수 없이 1876년, 조선은 일본과 회담을 가졌어. 그런데 회담이 시작되기 전 일본은 자기네 나라의 기념일을 축하한다며 대포를 쏘아댔어. 무시무시한 분위기를 만들어 우리나라의 기를 꺾어 놓으려고 한 거야.

결국 조선은 일본과 **강화도 조약**을 맺었어. 강화도 조약은 조선이 다른 나라와 처음으로 맺은 근대적 조약이야. 굳게 걸었던 나라의 빗장을 열게 한 조약이지.

하지만 조약의 내용이 알려지자 백성들은 속이 부글부글 끓었어. 조선에게 너무나 불리한 불평등 조약이었기 때문이야. 그중 몇 개를 살펴볼게.

제7조 일본은 조선의 해안을 마음대로 측량할 수 있다.
제10조 조선에서 죄를 지은 일본 사람은 일본 법에 따라 벌을 받는다.

말도 안 되지? 왜 일본이 조선에 함부로 들어와 자기들 마음대로 해안을 측량을 한다는 거야? 조선의 바다는 조선의 것이잖아. 이건 다른 나라를 침략하는 것이나 마찬가지지.

그리고 일본 사람이라도 조선에서 죄를 지었으면 조선 법에 따라 법을 받는 게 맞아. 자기네들 법으로 죄를 지은 일본인을 처벌하겠다는 것은 옳지 않은 거지.

"아니, 조선이 일본과 이런 조약을 맺다니!"

하지만 조선은 아무런 힘이 없었어. 말도 안 되는 일이라는 것을 알면서도, 평등하지 않다는 것을 느끼면서도 되돌리지 못했지.

흥선 대원군이 프랑스와 미국을 물리치며 큰소리를 쳤지만 결국 늦게 나라의 문을 열게 되어 일본보다 약한 나라가 된 것이었어. 조선은 강화도 조약에 따라 부산과 원산 그리고 인천 항구를 차례로 열 수밖에 없었어.

4

지킬까? 받아들일까?

강화도 조약을 맺은 지 얼마 뒤, 고종은 일본으로 사절단을 보냈어. 김기수를 중심으로 한 제1차 수신사였지.

"아하, 수신사란 일본에 보내던 외교 사절이구나!"

맞아. 원래는 조선 통신사라고 불렀지. 외교 사절로 일본에 간 조선 통신사는 조선과 일본 간 우호적인 관계를 보여 주는 것이었어. 그런데 시간이 지나면서 서로 간의 사이가 멀어졌고 일본이 먼저 개항한 뒤부터 조선을 호시탐탐 노리더니 결국 강화도 조약을 체결하게 된 거야.

수신사는 부산에서 일본의 증기선을 타고 갔어. 김기수는 빠르게 물살을 가르는 증기선의 속도에 깜짝 놀랐지. 사절단은 20일 동안 일본에 머물면서 학교, 공장, 군사 시설 등을 둘러보았어.

1880년 여름에는 제2차 수신사가 일본으로 떠났어. 수신사 대표인 김홍집은 일본에서 청나라 관리를 만나 세계의 흐름, 외교와 통상 등에 대해 폭넓은 이야기를 나누었어. 이때 《사의조선책략》이라는 책을 받았지.

"《사의조선책략》은 어떤 책이야?"

조선의 외교 정책 방향을 제시한 책이야. 조선이 서양의 기술과 제도를 받아들여서 나라를 잘살게 해야 한다는 내용이 담겨 있었어.

고종은 김홍집이 가져온 《사의조선책략》을 사람들에게 널리 소개하면서 어떻게 생각하는지 들어보려고 했지. 그런데 일부 보수적인 양반들이 거세게 들고일어났어. 우리의 것을 지키고 서양의 것을 물리쳐야 한다고 목소리를 높였지. 이항로와 그의 제자들을 중심으로 <u>위정척사 운동</u>이 크게 벌어진 거야.

"위정척사 운동은 뭐야?"

알기 쉽게 설명하면, '위정'은 올바른 것을 지킨다는 뜻이고 '척사'는 나쁜 것을 물리친다는 뜻이야. 이때 '올바

른 것'은 오랜 옛날부터 전해 내려온 우리의 전통과 **성리학**을 말해. '나쁜 것'은 천주교나 서양, 일본 등의 근대 문물을 뜻하지.

위정척사 운동은 점점 더 거세져, 나라 곳곳으로 퍼져 나갔어. 고종은 이들을 막기 위해 살살 달래기도 하고 책을 들여온 김홍집을 관직에서 물러나게 하기도 했어. 하지만 별 소용이 없었지. 결국 고종은 근대 문물을 받아들이는 데 반대하는 사람들을 귀양 보내거나 큰 벌을 내렸어.

"그럼 이제 근대 문물을 받아들이게 된 거야?"

맞아, 그렇지. 조선 정부는 위정척사파들의 강한 반대에 부딪히면서도 하루 빨리 **개화 정책**을 펼쳐야 한다고 생각했어. 개화 정책은 다른 나라의 발전된 문물을 받아들여 옛날의 낡은 생각과 사회 제도를 새롭게 바꾸는 거야.

개화 정책은 **통리기무아문**이라는 관아가 생기면서 활발하게 펼쳐졌어. 통리기무아문에서 외교, 통상, 군사, 외국어 교육 등을 맡아하며 새로운 문물을 받아들이기 시작했지.

통리기무아문에서 첫 번째로 한 일은 일본에 **조사시찰단**을 보내는 것이었어. 새로운 문물을 적극적으로 받아들이기 위해서였지. 박정양, 어윤중, 홍영식 등 앞으로 개화 정책을 이끌어 나갈 젊은 관리들이 일본으로 떠났어. 이들은 2개월 넘게 일본에 머물면서 군대 시설, 산업 시설을 둘러보고 세관, 도서관, 박물관 등을 두루두루 살펴보았지. 일본에서 돌아온 조사시찰단원들은 중요한 관직에 올라 **개화 정책**을 이끌어 나갔어.

"근대 문물을 배우기 위해 일본에만 사절단을 보낸 거네?"

그렇지 않아. 청나라에도 김윤식 등을 중심으로 한 **영선사**를 보냈어. 청나라에서는 외국어나 무기를 만드는 법 등을 배워 왔지.

조선은 강화도 조약을 맺은 이후 나라를 지키기 위해

서는 힘을 키워야 한다는 것을 절실히 깨달았어. 그래서 신식 군대인 **별기군**을 만들었어. 일본에서 새로운 무기도 들여오고 군사 훈련도 철저하게 시켰지.

1882년부터는 서양의 여러 나라들과 적극적으로 조약을 맺기 시작했어. 미국을 시작으로 영국, 독일, 러시아와도 조약을 맺었지. 하지만 아쉽게도 대부분 조선에 불리한 조약이었어. 조선은 힘이 약했기에 어쩔 수 없는 일이었지.

5

근대 학교와 병원은 어떻게 생겼을까?

"하늘 천, 따 지, 검을 현, 누를 황~."

조선시대 서당의 풍경이야. 하지만 개화 정책이 시작되면서부터 서당 대신 <u>근대 학교</u>가 세워졌어.

처음으로 근대 학교가 생긴 곳은 원산이야. 원산은 부산에 이어 두 번째로 문을 연 항구였어. 일본 상인들이 몰려와 머물면서 원산은 변화한 곳이 되었지. 1883년, 이곳에 <u>원산 학사</u>라는 근대 학교가 생겼어.

원산 학사는 학문을 배우는 문예반과 무예를 배우는 무예반으로 이루어져 있었어. 원산이나 근처에서 사는 어리고, 재주 있는 아이들이 입학해 공부했지.

"서양의 여러 나라와 조약을 체결했으면 외국어를 가르치는 학교도 생겼겠네?"

맞아. 다른 나라와 활발하게 교류하면서 사람들은 외국어를 배워야 할 필요성을 느꼈을 테니까. 서울 재동에는 외국어를 가르치는 <u>동문학</u>이 세워졌어. 15세가 넘은

양반의 자식들 가운데 40여 명이 학생으로 뽑혔지.

　동문학 학생들은 오전반과 오후반으로 나누어 영어와 일본어 등을 배웠어. 학교를 졸업한 다음에는 세관 같은 정부 기관에 들어가 일하거나, 다른 나라 말을 더 많이 배우기 위해 유학을 떠나기도 했지.

　동문학 아래에는 근대 인쇄소인 **박문국**도 생겼어. 박문국에서는 **〈한성순보〉** 등이 만들어졌어. 〈한성순보〉는 우리나라의 첫 번째 근대 신문이야.

　1886년에는 서울 정동에 **육영공원**이라는 근대 학교도 생겼어. 육영공원이란, 젊은 영재를 기르는 공립 학교라는 뜻이야. 조선 스스로의 힘으로 다른 나라와 관계를 맺고 나라 사이의 일을 제대로 해낼 만한 인재를 길러 내기 위한 목적으로 세워졌지.

　육영공원에서는 미국에서 온 3명의 선생님이 학생들을 가르쳤어. 영어를 중심으로 수학, 지리 같은 근대 학문이었어. 육영공원이 세워지면서 동문학은 문을 닫았지.

"서양 선교사가 세운 학교도 있었을 것 같은데?"

그래. 미국의 선교사가 세운 학교도 있었어. 바로 **배재학당**이야. 배재학당은 선교사 아펜젤러가 서울에 세운 우리나라 최초의 근대 사립 학교야. 아펜젤러는 조선 사람들이 새로운 세상에 눈뜨게 하는 데 힘을 기울였어. 외국어를 잘하는 통역관을 길러 내는 것보다 자유의 의미를 배우는 근대 교육을 하는 것이 더 중요하다고 생각했지. 그리고 봉사 정신도 강조했어.

배재학당은 신문이나 잡지를 찍어 내는 인쇄소까지 갖추고 있었기 때문에 훗날 이곳에서 〈독립신문〉, 〈매일신문〉 등을 찍어 냈지.

이화학당은 미국의 스크랜턴 부인이 선교사로 들어와 여학생들을 가르치면서 시작되었어. 처음에는 한두 명이었던 학생들은 점점 늘어나 학교다운 모양새를 갖추었지. 스크랜턴 부인은 기독교 교육을 통해 학생들을 더 나은 조선 사람으로 기르고자 했어. 이화학당의 수업은 한

글과 영어로 되어 있었고 기초 과목과 함께 종교 과목도 있었지.

언더우드 선교사는 언더우드 학당을 세웠어. 부모를 잃은 아이를 데려와 보살핀 것이 시작이었지. 이 학교에서는 영어와 성경을 중심으로 학생들을 가르쳤어.

"선교사 중에는 의사 선생님도 있었다고 하던데, 맞아?"

맞아. 선교사들은 학교를 세우기도 했지만 병을 고쳐 주는 의사도 있었어. 이들에 의해 1885년에는 근대 병원이 탄생했어. 우리나라에 처음으로 근대 병원을 세운 것은 미국의 선교사이자 의사인 알렌이었어. 알렌은 조선에서 의사로서 환자들을 정성껏 돌보았어. 그 덕분에 고종의 신임을 얻어 주치의가 되었지.

알렌은 고종에게 백성들을 위한 병원을 세우고 싶다는 뜻을 전했어. 이렇게 세워진 병원이 바로 서울 재동의 광혜원이야. 우리나라 최초의 근대식 병원이었지. 광혜

원은 양반집을 개조한 것으로, 병실, 수술실, 약국 등으로 이루어져 있었고 수많은 환자들을 치료해 귀한 목숨을 구했어. 이곳에서는 치료뿐 아니라 학생들에게 의술을 가르치기도 했지. 요즘으로 치면 의과대학이었던 셈이야. 그 뒤 광혜원은 '사람들을 널리 구한다.'라는 뜻의 제중원으로 이름이 바뀌었지.

6

군인들은 왜 난을 일으켰을까?

1880년대에 접어들면서 개화는 거스를 수 없는 큰 흐름이 되었어. 하지만 여전히 다른 나라를 곱지 않은 눈으로 보고 개화 정책을 반대하던 사람들도 있었지.

이들은 흥선 대원군을 중심으로 모여들었어. 흥선 대원군은 고종을 끌어내리고 손자를 왕으로 올리려는 계획까지 세울 정도였지. 이렇게 사람들의 생각이 뒤엉키고 뒤숭숭한 가운데 결국 일이 터지고야 말았어.

1881년에 신식 군대인 별기군이 생긴 뒤 구식 군대의 규모는 많이 줄었어. 게다가 월급도 13개월이나 밀렸지. 군인들이 불만을 터뜨리자 겨우 월급이 나왔는데 모래와 벼 껍질 같은 겨가 섞인 쌀이었어.

화가 난 구식 군대의 군인들은 소동을 벌였어. 하지만 소동을 벌인 군인들은 모두 감옥에 갇히거나 큰 벌을 받았지. 군인들은 더 이상 참을 수가 없었어.

마침내 구식 군대의 군인들은 우르르 몰려가 난을 일으켰어. 이 난을 <u>임오군란</u>이라고 해. 당시 어렵게 살아가던 백성들도 뜻을 같이하며 수는 점점 늘어나 어느새 1만여 명이나 되었지.

난을 일으킨 구식 군대의 군인들은 감옥에 갇힌 동료를 구하려고 애를 썼어. 무기 창고를 부수기도 하고 신식 군대를 가르치는 교관을 죽이고 일본 공사관으로 쳐들어가기도 했지. 흥선 대원군을 찾아가 자신들의 억울함을 알리기도 했어.

"왜 흥선 대원군을 찾아간 거야?"

구식 군대의 군인들은 이 모든 것이 나라의 문을 열었기 때문에 생긴 일이라고 생각했거든. 또 자신들이 생각했던 것보다 일이 너무 커져 버리자 자신들을 지켜 줄 것이라 생각한 흥선 대원군을 찾아간 거야. 흥선 대원군은 이들을 몰래 뒤에서 도와주었어. 마음속으로는 다시 권력을 잡을 좋은 기회라고 생각하면서 말이야.

고종은 처음에는 군인들의 난이 별일 아니라고 생각했어. 그런데 점점 난의 규모가 커지자 어쩔 줄 몰라 우왕좌왕했지. 난을 가라앉히려고 부랴부랴 나섰지만 이미 때는 늦고 말았어. 군인들과 백성들이 궁궐까지 떼를 지어 몰려왔거든.

　이때 월급을 담당하고 있던 민경호가 죽임을 당했어. 민경호는 명성황후의 오빠였지. 그뿐 아니라 구식 군인들은 최고 권력자인 명성황후까지 죽이려 했어. 이런 낌새를 눈치 챈 명성황후는 재빨리 궁궐을 빠져나가 겨우 목숨을 건졌지.

　고종은 하는 수 없이 흥선 대원군에게 도움을 청했어. 흥선 대원군은 못 이기는 척하고 궁궐로 들어왔지. 그리고 군인과 백성들의 마음을 달래서 가라앉힌 다음 돌아가게 했어.

　권력을 다시 잡은 흥선 대원군은 나라의 기강이 무너진 것은 다른 나라에 문을 열어 주었기 때문이며, 고종이 백성들을 제대로 보살피지 못한 탓이라고 했어.

　흥선 대원군은 구식 군대를 다시 키우고 군인들을 불러 모았어. 고종이 나라를 개화시키려고 만든 기구나 정책을 모두 없애고 옛날로 되돌렸지. 개화 정책을 힘 있게 이끌어 가던 통리기무아문도 없애버렸어. 구식 군대의 군인들과 백성들은 흥선 대원군에게 큰 기대를 하며 반겼어.

"그럼 모두 옛날로 고스란히 돌아간 거야?"

아니야. 임오군란을 주의 깊게 지켜보던 나라가 있었어. 바로 청나라였지. 고종과 명성황후가 청나라에 군대를 보내 자신들을 보호하고 난을 진압해 달라고 도움을 청했던 거야.

결국 청나라 군대가 궁궐로 밀고 들어와 흥선 대원군을 붙잡았고 강제로 배에 태워 청나라로 데리고 갔어. 그리고 앞장서서 임오군란을 이끌었던 군인들을 붙잡아 벌을 내렸지. 급히 몸을 피했던 명성황후도 궁궐로 돌아왔어. 흥선 대원군은 다시 정권을 잡은 지 33일 만에 청나라로 쫓겨난 거야.

"청나라가 아무 대가 없이 우리나라를 도와주었을까? 어떤 속셈이 있었을 것 같은데?"

물론이지. 속셈이 있었고말고. 1876년 조선이 일본과 강화도 조약을 맺은 이후 청나라는 일본에게 밀리고 있었어. 그래서 이번에 조선을 도와주고 일본에게 밀렸던 힘을 되찾으려는 속셈이 있었지. 조선을 계속 청나라의 손아귀에 두려고 말이야.

결국 임오군란 이후 청나라는 조선에 깊숙이 발을 들여놓으며 조선 안팎의 나랏일에 끼어들었지. 그러자 조선 정부는 친청 세력과 친일 세력으로 갈라져 서로 대립했고, 끝내 타협하지 못해 갑신정변이 일어나고 말았어.

7

갑신정변은 왜 실패했을까?

고종이 나라를 다스리게 되면서 개화를 원하는 사람들이 다시 힘을 얻었어. 하지만 개화를 하려는 사람과 개화를 반대하는 사람들이 서로 싸우면서 나라는 혼란스럽기만 했어.

임오군란이 일어났고 청나라의 도움으로 난을 억누르기는 했으나, 그 뒤부터 청나라가 나랏일에 시시콜콜 참견해 왔거든. 개화파 사이에서도 의견이 둘로 갈라졌어. 나라를 천천히 개화하자는 사람들과 나라를 빨리 개화하자는 사람들로 나뉜 거야.

"천천히 개화하는 게 좋을까, 빨리 개화하는 게 나을까?"

천천히 개화하자는 <u>온건 개화파</u>는 김홍집, 어윤중, 김윤식이 중심이었어. 청나라에 기대면서 개화 정책에는 적극적이지 않고 뜨뜻미지근했어. 청나라가 정치에 참견하는 것을 슬쩍 눈감아 주면서 청나라처럼 서양의 기술과 문화를 천천히 받아들여 개화하자는 주장이었지.

이에 비해 빨리 개화하자는 **급진 개화파**는 지금 이대로라면 조선은 바뀔 수 없다고 목소리를 높였어. 청나라가 끼어드는 바람에 개화 정책이 제대로 진행되지 않는다고 생각했지. 이들은 청나라에서 벗어나 일본을 따라야 한다고 주장했어. 일본을 통해 새로운 기술과 제도, 생각 등을 받아들여야 한다는 거야. 이러한 주장을 한 사람들은 김옥균, 박영효, 홍영식, 서광범, 서재필 등이었어. 이들을 **개화당**이라고도 해.

생각이 너무 달랐던 온건 개화파와 급진 개화파 사이의 다툼은 점점 더 심해졌어. 이때 어느 한쪽으로 기울지 않고 중간의 길을 걷던 민영익은 김옥균 등과 친하게 지내며 급진 개화파의 생각을 받아들였어. 민영익은 명성황후 집안의 양자로 들어가게 되면서 명성황후와는 고모와 조카 사이가 되어 큰 권세를 누리고 있었어.

두 세력이 서로 다투던 때에 민영익은 미국과 유럽을 돌아 보고 돌아왔어. 그러고는 갑자기 고모인 명성황후의 편에 서서 온건 개화파의 중심인물이 되었어. 그동안 함께했던 김옥균 등과도 멀어지게 되었지.

그러자 급진 개화파들의 마음은 점점 더 급해졌어. 틈만 나면 일본에 유학생을 보냈지. 조선을 근대적인 나라로 만들기 위해 하루라도 빨리 서둘러야 한다고 생각했어. 하지만 그들의 생각에 다른 사람들은 별로 귀를 기울이지 않았지.

그때 일본이 이들에게 슬며시 손을 내밀며 든든히 뒤를 받쳐 주겠다고 약속했어. 일본은 이 틈을 이용해 조선에서 자신의 힘을 넓히려는 속셈이었지.

1884년, 김옥균과 박영효 등은 **우정총국**의 문을 여는 축하 잔치에서 반대파를 없애 버리기로 모의했어. 우정총국은 편지, 통신 일을 맡아보던 관아야.

별궁에서 불꽃이 타오르면 일을 시작하기로 했는데 축하 잔치가 시작된 지 3시간이 지나도록 불꽃이 타오르지 않았지. 이들은 일을 그르치게 될까 봐 애가 타서 마음이 조마조마했어. 축하 잔치가 거의 끝나갈 무렵, 드디어 창밖으로 불길이 화르륵 치솟고 포 소리가 쾅쾅 울렸어. 축하 잔치는 금세 아수라장이 되었지. 이 자리에 참석했던 민영익은 칼을 맞고 쓰러졌어.

김옥균 등은 고종과 명성황후를 궁궐 밖으로 내보내고 자신들의 생각과 다른 신하들을 모조리 몰아냈어. 그리고 급진 개화파들로 새로운 정권을 세웠지. 이 사건이 바로 **갑신정변**이야. '정변'이란, 혁명처럼 정치적으로 일어난 큰 움직임을 말해.

새로운 정권은 곧바로 14개로 이루어진 개혁안을 발표했어. 나라의 낡은 제도와 오래된 생각을 바꾸어 근대적인 나라를 세우겠다는 거야. 개혁안의 중요한 내용을 살펴볼까?

- 흥선 대원군을 청나라에서 빨리 돌아오도록 할 것.
- 청나라에 물건이나 돈을 바치는 나쁜 일을 없앨 것.
- 백성들을 신분에 따라 나누지 말고 평등하게 대할 것.
- 나라에 해를 끼치는 나쁜 관리를 벌할 것.
- 관리들이 나랏돈을 빼돌리지 못하게 막고 나라의 살림살이를 튼튼히 할 것.

개혁안은 모두 나라와 백성들에게 꼭 필요한 내용이었

어. 하지만 새로운 정권은 이러한 많은 개혁을 추진하기에는 힘이 부족했어.

결국 큰 뜻을 제대로 펼쳐 보기도 전에 3일 만에 무너지고 말았지. 무기를 앞세워 강한 힘으로 밀어부친 청나라 군대에 밀려 뿔뿔이 흩어지고 도망쳐야 했거든.

무엇보다 개화당은 많은 백성들로부터 지지를 받지 못했어. 백성들은 개화당이 침략자인 일본과 손을 잡고 갑신정변을 일으켰다고 생각했거든. 갑신정변이 이루고자 했던 개혁들은 그로부터 10년 후 나라 정책에 반영되었어.

8

농민들이 들고일어난 이유는 뭘까?

1880년대로 접어들면서 조선은 청나라, 일본과 물건을 사고파는 일이 점점 활발해졌어. 조선은 쌀, 금, 가죽 등을 팔고 면제품, 석유, 약재, 생활용품 등의 물건을 샀지. 1890년대에는 일본에 큰 흉년이 들어 조선에서 쌀을 많이 사 갔어.

많은 양의 쌀이 일본으로 팔려 가자 조선에서는 쌀값이 하늘 높은 줄 모르고 높이 치솟았어. 백성들의 생활은 점점 더 어려워졌지. 엎친 데 덮친 격으로 흉년이 들고 돌림병까지 나돌았어. 하지만 조정에서는 백성들의 생활을 돌보기는커녕 세금을 더 많이 거두어들이기에 급급했지. 백성들의 재물을 빼앗고 못살게 구는 나쁜 관리도 늘어났어. 백성들의 불만이 커지는 가운데 동학이 퍼져 나가기 시작했지.

"동학이 뭐야?"

동학은 최제우가 세운 종교야. 동학에는 세상과 백성을 구하려는 뜻이 담겨 있었어. 특히 동학은 사람을 신분에

따라 나누지 않고 평등하게 대했지. 그래서 나쁜 관리와 무거운 세금, 흉년과 돌림병 등으로 고통받던 백성에게 큰 위로가 되었어. 어디에도 기댈 곳이 없던 백성의 마음속으로 서서히 스며들어 간 거야.

전라북도의 고부 지역에도 동학이 점점 퍼지고 있었어. 그런데 고부를 다스리던 군수 조병갑은 아주 나쁜 탐관오리였어. 백성에게 버려진 땅을 일구게 하고는 세금을 강제로 거둬들였고 아무렇지도 않게 백성의 재물을 빼앗기도 했지. 심지어는 자기 아버지의 비석을 세운답시고 1천 냥이 넘는 돈을 강제로 모으기도 했어. 백성들은 억울한 마음이 굴뚝 같았지만 군수에게 따질 수도 없었고 이런 상황을 알릴 곳도 마땅치 않았지.

더 이상 참을 수 없었던 백성들은 고을의 훈장인 **전봉준**을 찾아가 도와 달라고 했어. 훈장은 많이 배우고 아는 것도 많았거든. 전봉준은 백성들의 힘든 사정을 알리는 글을 써서 정부에 상소하기도 하고, 백성들과 함께 고부 관아를 찾아가 어려운 사정을 이야기하며 세금을 낮춰 달라고도 했어.

하지만 조병갑은 이야기를 들어주기는커녕 오히려 전봉준과 농민들을 감옥에 가둬 버렸어. 다음 날 간신히 풀려난 전봉준은 다시 조병갑을 찾아갔지만 쫓겨나고 말았지.

1894년 2월 추운 겨울날, 한 무리의 사람들이 머리에 흰 수건을 질끈 매고 고부 관아로 우르르 쳐들어갔어. 전봉준 등이 이끄는 동학 농민군이었지. 이것을 **고부 민란**이라고 해. 이렇게 전라북도 고부에서부터 **동학 농민 운동**이 시작되었어. 탐관오리 조병갑에 맞서 농민들이 들고일어나면서였지.

조병갑은 재빨리 도망쳐버린 바람에 붙잡지는 못했어. 하지만 동학 농민군은 무기 창고를 부수어 무기를 얻고 창고에 수북하게 쌓여 있던 쌀을 백성에게 나눠 주었지.

간신히 목숨을 건진 조병갑은 전라도 관찰사에게 헐레벌떡 달려가 농민들이 난을 일으켰다고 알렸어. 그 말을 들은 관찰사는 동학 농민군을 마구 잡아들이기 시작했지. 그러자 전봉준과 무장한 농민들은 전라도 곳곳을 차지했고 급기야 전주성까지 손에 넣었어. 조정에서는 관군을 보내 진압하려고 했지만 한껏 기세가 오른 동학 농민군을 당해 낼 수는 없었어.

마음이 급해진 조정에서는 청나라에 도움을 청했어. 청나라가 군대를 보내려 하자 그 소식을 들은 일본도 질세라 군대를 보내겠다고 했지. 나라 안의 싸움이 나라 밖으로까지 번지고 만 거야.

고종은 서둘러 백성들에게 명했어.

"관리가 잘못한 것에 대해서는 조정에서 법으로 다스릴 것이니, 백성들은 조정을 믿고 고향으로 돌아가 각자 할 일을 하라."

그러면서 다른 한편으로는 전봉준을 잡아들이는 사람에게 큰 상을 내릴 거라며 동학 농민군을 갈라서게 만들었어. 다른 나라 군대가 곧 들이닥칠 것이라는 소문이 들리고, 농사철도 다가오자 농민군은 술렁대기 시작했지. 고향으로 돌아가고 싶은 마음도 있었고 더 이상 동학 농민 운동을 계속하는 것은 무리라고 생각했어. 무엇보다 다른 나라의 군대가 끼어드는 일만큼은 피하고 싶었지.

결국 동학 농민군은 조선 정부와 협상을 시작했고 정부

는 개혁안을 받아들였어. 개혁안에는 탐관오리를 벌주어 쫓아내고, 사람들을 평등하게 대하며, 땅을 똑같이 나누어 농사를 짓게 한다는 등의 내용이 담겨 있었지. 이렇게 동학 농민군은 전주성을 차지한 지 12일 만에 스스로 물러났어.

"그럼 동학 농민 운동은 끝난 거야?"

아냐. 동학 농민군이 스스로 물러나 흩어진 뒤에도 일본은 조선의 정치에 사사건건 끼어들었어. 그뿐만 아니라 청일전쟁까지 일으켰지. 결국 우리나라 땅에서 다른 나라들의 싸움이 벌어진 거야. 동학 농민군은 가만히 있을 수가 없어 다시 뜻을 세우고 힘을 모았어.

"역시 동학 농민군이 다시 들고일어났구나!"

물론이야. 동학 농민군이 다시 움직인 이유는 일본을 몰아내기 위해서였어. 동학 농민군의 마음속에는 나라를 지키고자 하는 마음도 컸거든. 하지만 동학 농민군은 공주 우금치 고개에서 관군과 일본군에게 크게 지고 말았어. 전봉준은 붙잡혀서 결국 세상을 떠났지.

고부 민란으로 시작되어 1년 넘게 계속되었던 동학 농민 운동은 이렇게 막을 내렸어. 비록 동학 농민 운동이 뜻을 이루지는 못했지만 우리나라 역사에 중요한 발자취를 남겼어. 낡은 것을 무너뜨리기 위해 다른 나라에게 굽히지 않고 용감히 맞서 싸운 역사적이고 혁명적인 사건이었기 때문이야.

한편 청일전쟁이 벌어지는 동안 조선에서는 개혁이 추진되고 있었어. 백성의 뜻을 받아들여 그동안 탈이 많았던 것을 하나하나 고쳐 나가고자 했지. 과거 제도를 없애고 신분 제도, 가족 제도 등을 새롭게 바꾸려고 했어. 이것을 **갑오개혁**이라고 해.

9

의병은 어떻게 싸웠을까?

일본은 청일전쟁에서 이긴 뒤에 청나라와 **시노모세키 조약**을 맺었어. 이 조약으로 일본은 청나라로부터 랴오둥반도, 타이완 등을 넘겨 받았지. 그 뒤 러시아는 일본의 세력이 커질 것을 우려해 프랑스, 독일과 손을 잡고 랴오둥반도를 내놓으라고 윽박했지. 일본이 아시아의 평화를 해칠 것이라는 이유를 내세워 일본을 몰아붙인 거야. 세 나라를 상대로 맞서 싸울 만한 힘이 없었던 일본은 마지못해 랴오둥반도를 돌려주었어.

그동안 자신만만하게 끼어들어 이런저런 참견을 하던 일본이 움츠러들자, 고종과 명성황후 등은 이때가 기회라고 생각했어. 러시아와 가까이 지내면서 왕권을 강화하려고 했지.

조선이 러시아와 가까이 지내자 일본은 안절부절못했어. 어떻게든 다시 힘을 키워 상황을 바꾸어 보려고 애썼지. 급기야 일본은 자기네와 뜻을 같이하는 사람들을 모아 음모를 꾸몄어. 명성황후와 사이가 썩 좋지 않은 흥선대원군과 군인들을 끌어들인 거야.

1895년 10월의 고요한 새벽, 일본군과 일본의 떠돌이

무사들이 경복궁으로 몰래 들어왔어. 이들은 명성황후가 지내고 있는 건청궁으로 쳐들어갔어. 궁궐을 지키던 관군과 일본군 간의 총격전이 벌어졌고, 명성황후를 지키던 궁녀들이 목숨을 걸고 막았지만 소용없었지. 무사들은 명성황후를 뜰로 끌고 나와 목숨을 빼앗고 시신을 불태웠어. 이 일을 을미사변이라고 해.

"한 나라의 왕비가 이렇게 목숨을 잃었다고? 말도 안 돼."

그렇지? 말도 안 되는 일이 일어나고 만 거야.

명성황후의 죽음으로 큰 충격을 받은 고종은 자신도 죽임을 당할까 봐 두려워서 벌벌 떨었어. 밤에 자지도 못하고 음식에 독이 들어 있을까 봐 제대로 먹지도 못했지.

을미사변 이후 권력을 가지게 된 일본과 뜻을 같이하는 친일 세력은 개혁에 박차를 가했어. 그런데 이 개혁은 오랫동안 전해 내려오던 조선의 전통을 하루아침에 바꾸는 것이라 백성들의 반발이 컸어.

우선 우리나라 전국 8도를 23부로 고치고, 음력 대신 양력을 사용해야 했지. 1895년에는 상투를 자르라는 **단발령**까지 내렸어. 고종도 일본의 계속된 위협과 재촉에 못 이겨 결국 상투를 자르고 단발했지. 이때 유길준과 조희연 등은 일본인을 끌어들여 궁궐 주위에 대포를 세워 놓고 단발하지 않는 사람들을 죽이겠다고 협박할 정도였어.

다음 날부터 관리들, 군인들이 머리를 자르기 시작했어. 백성들의 상투도 싹둑싹둑 잘려 나갔지. 나라에서는 위생적이고 깨끗하며 일하기에 편리하다는 이유를 내세웠어. 하지만 당시 백성들에게 머리카락은 아주 큰 의미가 있었어. 머리카락은 부모님이 물려주신 것이기 때문에 함부로 자르지 않고 소중히 여겼거든. 그런데 갑자기 머리카락을 자르라니, 백성들로서는 마른하늘에 날벼락 같은 일이었지. 많은 사람들이 단발령을 거부하며 목숨을 버리기도 했어.

동학 농민 운동은 막을 내렸지만 사회는 여전히 안정되지 않았고 청일전쟁 이후 사회는 더 어수선했어. 그래도

친일파는 개혁을 계속했고, 사회는 급하게 변해 갔지.

이러한 상황에서 가장 크게 반발한 것은 전국 각지에서 글 공부를 하던 유생들이었어. 과거 제도가 없어져서 더 이상 관리가 되지 못하는 선비들도 마찬가지였지. 옛 것이 사라지는 것을 받아들일 수 없었던 이들은, 명성황후까지 일본의 떠돌이 무사들에게 무참히 죽임을 당하자 더 이상 참을 수 없다고 생각하고 의병을 일으켰어.

"의병이라고? 의병은 어떤 사람들이야?"

의병이란, 우리나라에 쳐들어온 외적을 물리치기 위해 백성들이 스스로 만든 군대야. 누가 등을 떠밀지 않았는데도 나라를 지키겠다고 일어난 병사들이지. '의로움'을 앞세워 스스로 일어섰기 때문에 의병이라고 해. 조선 시대의 큰 전쟁이었던 임진왜란, 병자호란 같은 외적의 침략 때마다 백성들은 스스로 의병을 일으켰어.

1895년 을미년에도 다시 의병이 일어났지.

을미 의병은 주로 일본군과 싸움을 벌였어. 명성황후를 죽인 것에 복수하겠다면서 말이야. 또 단발령을 없애려고 관군을 공격하는 일도 있었지. 깜짝 놀란 나라에서는 군대를 내려보내 의병들을 막았어.

한편 고종은 을미사변 이후 일본과 친일파들이 두려웠어. 그러다가 전국에서 일어난 의병으로 궁궐 안이 어수선해지자 그틈에 러시아 공사관으로 몸을 피했지. 공사관은 오늘날의 대사관과 비슷한 곳이야. 이 일을 **아관파천**이라고 해.

고종이 러시아 공사관으로 피하자 이번에는 러시아와 뜻을 함께하는 **친러파**가 정권을 잡았어. 이들은 단발령을 없애고 세금을 줄이는 등 백성을 위한 정책을 펴며 백성들을 살살 달랬어. 그러자 을미 의병은 스스로 물러났지.

"그렇게 의병들이
스스로 사라진 거야?"

아니야. 의병들이 아예 사라진 건 아니야. 나라를 지키고자 애쓴 의병들은 계속해서 등장해. 의병 운동은 우리나라가 일본에 망한 뒤에도 1915년까지 20여 년에 걸쳐 계속되었어.

10

고종은 왜 대한제국을 세웠을까?

3일 동안 나라를 다스렸던 갑신정변에 대해 앞에서 이야기했었지? 그때 갑신정변이 실패하면서 정변을 일으켰던 서재필은 나라를 어지럽게 한 역적으로 몰렸어. 그는 일본으로 건너갔다가 다시 미국으로 떠나 간신히 살아남았어. 그 뒤 미국에서 자리를 잡아 의사도 되고 가정도 꾸렸지. 그런데 1894년 갑오개혁 때 갑신정변을 일으켰던 사람들의 죄가 벗겨지면서 우리나라로 돌아오게 되었어.

먼저 박영효와 서광범 등이 일본과 미국에서 각기 우리나라로 돌아와 나랏일을 맡았어. 서재필도 돌아와 새롭게 나라를 위해 일하기로 마음먹었지.

귀국한 서재필은 우리나라 최초의 한글 신문인 〈독립신문〉을 만들었어. 독립신문은 나라 안의 정치 소식뿐만 아니라 세계 여러 나라의 새로운 소식을 전해 주었지. 일본과 청나라 그리고 관리의 잘못을 따끔하게 꼬집기도 했어.

〈독립신문〉이 나오자 사람들은 신문을 열심히 읽으며 세상 돌아가는 것을 알게 되어 좋아했어. 하지만 이미 한글과 일본어로 된 〈한성신보〉를 만들고 있던 일본은 곱

지 않은 눈길을 보냈지.

　서재필은 〈독립신문〉을 만드는 데 그치지 않고 여러 사람과 함께 독립협회를 만들고 독립문도 세웠어. 백성들의 자주독립 정신을 일깨우고 하나로 뭉치게 하기 위해서였지. 자주독립이란, 다른 나라의 간섭을 받거나 다른 나라에 기대지 않고 스스로 바로서는 일이야.

　그 사이에 러시아 공사관으로 몸을 피했던 고종도 1년 만에 궁궐로 돌아왔어.

　하지만 한 나라의 왕이 다른 나라로 도망친 일로 왕과 나라에 대한 믿음은 땅에 떨어졌어. 덩달아 러시아의 입김이 세지고, 러시아를 비롯한 여러 나라가 조선의 나랏일에 끼어들게 되었지. 너도나도 조선에서 경제적, 정치적으로 이익을 얻으려고 앞다퉈 뛰어들었어.

"궁궐로 돌아온 고종은 무슨 일을 했어?"

　고종은 왕의 힘을 강하게 하는 데 더 힘을 쏟았어. 국

호를 **대한제국**으로 고치고 **환구단**에서 황제의 자리에 올랐지. 환구단은 하늘에 제사를 지내는 곳이야. 황제만이 하늘에 제사를 지낼 수 있었거든. 고종은 대한제국이 황제의 나라이며 자주독립 국가라는 것을 나라 안팎으로 널리 알렸지. 다른 나라의 간섭에서 벗어나 스스로의 힘으로 일어서는 국가를 만들겠다는 뜻을 강하게 보여 준 거야.

이렇게 세워진 대한제국은 다양한 분야에 걸쳐 근대적인 개혁을 힘 있게 밀고 나갔어. 우선 법을 잘 알고 똑똑한 사람을 뽑아 나라의 가장 기본이 되는 법, 즉 **헌법**을 만들었어. 그런데 헌법에는 대한은 자주독립한 제국이라는 것과 황제는 그 누구도 가져갈 수 없는 나라의 모든 권력을 갖는다는 내용도 포함되어 있었어. 고종 황제는 나라보다 황제의 힘을 강하게 키우는 데 더 관심이 있었거든.

또 부국강병을 위해 군대를 키우고 군사력을 강화했을 뿐만 아니라 **애국가**도 만들었어. 이외에도 은행을 설립하고 철도회사를 세워 열차, 전차 등의 교통 시설이 생겼

어. 사람들은 가고 싶은 곳을 옛날보다 빨리 오갈 수 있게 되었지. 우편, 전화 등의 통신 시설도 갖춰지면서 편리하게 소식을 주고받을 수 있게 되었고 공장과 회사도 많이 세워졌어. 공장에서는 사람들이 사용할 물건들을 계속 만들어 냈지.

대한제국은 발달된 근대 문물을 받아들이면서 새로운 변화를 맞이했어. 근대 국가로 나아가기 위해 힘썼던 이러한 개혁을 **광무개혁**이라고 해.

대한제국이 세워지고 개혁이 펼쳐졌지만, 러시아는 여전히 우리의 나랏일에 끼어들었어. 독립협회는 러시아를 몰아내기 위한 운동을 펼쳐 나가기 시작했지.

11

을사늑약은 어떻게 맺어졌을까?

청일전쟁에서 이겨 우쭐해진 일본은 이제 러시아와도 한바탕 맞붙을 준비를 했어. 일본과 러시아 사이가 심상치 않자 고종 황제는 서둘러 어느 나라의 편도 들지 않겠다고 분명하게 밝혔어. 하지만 힘이 약했던 대한제국 황제의 말에 어느 나라도 귀를 기울이지 않았지.

일본은 고종 황제의 말에 아랑곳하지 않고 일본군을 서울에 머물게 했어. 우리나라의 땅은 청일전쟁 때처럼 또다시 전쟁터가 될 것 같았지.

1904년, 결국 **러일전쟁**이 일어났어. 일본은 러시아와의 전쟁을 동양과 서양 사이의 전쟁으로 몰아갔어. 우리나라를 빼앗으려는 속셈을 감추기 위해서였지.

"러일전쟁에서는 어느 나라가 이겼어?"

일본이 승리했어. 미국의 **루스벨트 대통령**이 중간에서 일본과 러시아가 대화할 수 있는 회담 자리를 마련했어. 일본은 회담에서 **포츠머스 조약**을 맺으며 조선에서 자기네가 우월권이 있음을 인정받고, 조선에 대해 지도, 보호, 감독에 필요한 조치를 취할 수 있음을 승인받았어. 일본은 우리나라를 지배하는 것을 미국으로부터 슬며시 인정받으려고 한 거야. 그러고는 랴오둥반도를 차지해 중국 대륙까지 나아가기 위한 발판을 다졌지.

그로부터 2개월 후 대한제국과 일본은 **을사늑약**을 맺었어. 을사늑약은 일본이 우리나라의 외교권을 빼앗기 위해 강제로 맺은 조약이야. 이를 통해 일본은 대한제국을 세계 여러 나라로부터 고립시키려고 했어. 대한제국은 어느 나라에도 도움을 요청할 수 없었고, 어떤 나라도 대한제국을 도우려 하지 않았지.

을사늑약은 일본군을 앞세운 무시무시한 분위기 속에서 이루어졌어. **이토 히로부미**는 우리나라 대신들에게 조약에 찬성하라며 윽박질렀지.

고종은 끝까지 응하지 않았지만 조약은 막무가내로 맺어졌어. 한규설, 이하영, 민영기는 조약에 반대하며 계속 버텼어. 하지만 이완용, 박제순, 이지용, 이근택, 권중현 이렇게 다섯 명의 대신은 찬성했지. 이들을 **을사오적**이라

고 해. 일본에 나라를 팔아넘긴 사람들이지.

일본은 조약에 반대하는 대신보다 찬성하는 대신이 더 많다며 합법적으로 맺어진 조약인 양 떠벌렸어.

을사늑약의 내용이 어떤지 한번 살펴볼까?

- 일본 정부는 대한제국의 외교에 대한 모든 일을 살펴보고 지휘한다.
- 대한제국은 일본을 거치지 않고 다른 나라와 조약을 맺거나 어떤 약속도 할 수 없다.

한마디로 일본이 대한제국의 모든 것을 마음대로 휘두르겠다는 생각이야. 이 조약의 내용은 도저히 말이 안 돼. 대한제국은 을사늑약을 맺음으로써 일본에 외교권을 빼앗기고 자주 국가로서의 힘을 잃게 되었어. 외교권은 다른 나라와 정치, 경제, 문화적으로 관계를 맺을 수 있는 권리거든.

"일본과 이런 조약을 맺다니!"

"이 조약은 무효라고!"

"이날에 목 놓아 소리를 높여 슬피 우노라."

강제로 을사늑약이 맺어졌다는 소식에 백성들은 모두 통곡하며 반대했어. 학생들은 학교에 가다 말고 다시 집으로 돌아갔고 관리들은 일하지 않았으며 상인들은 가게 문을 닫고 분한 마음을 달랬지.

지방의 선비들은 서울로 몰려와 조약을 없던 일로 해야 한다고 외쳤어. 조약에 찬성한 5명의 대신을 벌해야 한다고도 목소리를 높였지. 신문에는 을사늑약이 무효라고 주장하거나, 조약이 맺어진 것에 대한 슬픔과 억울함을 주장하는 글이 많이 실렸어.

억지로 맺어진 을사늑약에 반대하며 **을사 의병**도 일어났어. 을사 의병 때는 양반뿐만 아니라 평민 신분의 의병장도 눈부신 활약을 했어. 평민이었던 **신돌석**은 의병을 모아 경상도, 강원도 곳곳에서 **항일 의병 운동**을 힘차게 펼쳤지.

고종 황제는 을사늑약을 승인한 적이 없으며 조약이 정당하지 않고 잘못되었다는 것을 다른 나라에 알리고자 했어. 미국에도 편지를 보냈지.

"짐은 최근에 대한제국과 일본 사이에 맺어진 조약이 강제로 맺어진 것이므로 무효임을 선언한다. 짐은 그 조약에 동의한 일이 없으며 앞으로도 결코 그럴 리가 없을 것이다."

하지만 이미 미국은 을사늑약을 인정하고 있었기 때문에 아무 소용이 없었어.

결국 고종 황제는 1907년, 네덜란드의 헤이그에서 열리는 만국 평화 회의에 특사를 보냈어.

"만국 평화 회의는 어떤 회의야?"

만국 평화 회의는 러시아가 주도하여 세계 여러 나라의 대표가 모인 가운데 세계 평화에 대해 이야기하는 국제적인 회의야. 이 회의에서는 전 세계의 평화를 지키기 위해 군대를 줄이고 무기 사용을 막자는 등의 이야기가 오갔어.

고종 황제는 이상설, 이준, 이위종, 이렇게 세 명에게 특별한 임무를 주고 이 회의에 참석하도록 했어. 이들은 일본의 눈을 피해 고종 황제가 친히 쓴 비밀 문서를 몰래 전해 받았지.

헤이그에 도착한 특사들은 머물 곳을 정한 뒤 옥상에 태극기를 내걸었어. 세 사람은 우리나라 대표로 만국 평화 회의장에 들어가기 위해 온갖 애를 썼어. 하지만 일본이 가만히 있을 리가 없잖아? 일본은 자기들이 우리나라의 외교권을 가지고 있다며 번번이 훼방을 놓았지. 특사들은 일본의 방해로 결국 뜻을 이루지 못했어. 이때 이준은 분함을 참지 못해 순국하고 말았지.

일본은 자신들이 외교권을 가지고 있다며, <u>헤이그 특사</u>를 보낸 일을 구실로 고종 황제를 강제로 물러나게 했어. 대한제국의 군대도 해산시켜 버렸지.

일본은 을사늑약을 맺은 후, <u>통감부</u>라는 관청을 세워 우리나라를 빼앗을 준비를 차근차근 시작했어. 점점 더 대한제국의 나랏일에 깊숙이 관여하기 시작했지.

초대 통감으로 온 이토 히로부미는 대한제국의 모든 일을 간섭했어. 일본은 러시아, 미국, 영국, 청나라, 독일,

프랑스 등의 공사관도 강제로 철수시켰어. 일본은 대한제국의 언론을 억누르기 위한 **신문지법**과 사람들이 모여 집회를 하는 것을 금지하기 위한 **보안법**을 만들었어. 우리나라의 식량이나 자원도 점점 더 많이 빼앗아 가기 시작했지.

 우리나라는 일본의 힘에 굽히지 않고 맞서서 버텼어. 하지만 일본을 막기에 당시의 우리는 힘이 부족했어. 결국 대한제국은 무너지고 말았단다.

12

나라를 구하기 위해 어떤 노력을 했을까?

"위태로운 나라를 구하기 위해 우리는 어떤 노력을 한 거야?"

우선 **항일 의병**이 들불처럼 번져 나갔어. 항일 의병은 일본으로부터 나라를 지키기 위해 백성들이 스스로 만든 군대야. 고종 황제가 물러나고 대한제국의 군대가 해산하면서 흩어진 군인들이 무기를 가지고 의병에 들어오면서 의병의 힘은 더욱 강해졌지. 백성들도 일본에 맞서 싸우는 의병들을 있는 힘껏 도왔어.

하지만 일본은 수많은 군대를 보내 의병을 심하게 탄압했기 때문에 더 이상 나라 안에서는 일본에 맞서기가 힘들었지. 1910년 즈음부터 의병들은 두만강, 압록강을 건너 간도와 러시아의 연해주 등으로 옮겨 가기 시작했어. 그곳에서 의병은 **독립군**이 되어 우리나라의 독립을 위해 줄기차게 싸웠지.

대표적으로 **이진룡**과 **홍범도** 등의 의병장은 간도, 러시아 등에서 활동하고 있던 **이범윤**, **안중근** 등과 힘을 모아 연합했어. 훗날 의병들은 계몽 운동을 하는 사람들과도 힘을 합해 민족 교육을 하고 독립군을 길러 내는 데도 힘을 기울였지. 무력으로 일본에 맞서야 한다고 주장하는 사람들과 먼저 민족의 힘을 키워야 한다고 주장하는 사람들이 나라와 민족의 독립을 위해 손을 맞잡은 거야. 그 결과 의병 운동은 더욱 활발해지면서 **독립운동**을 확대해 나가는 데 이바지했지.

"또 다른 노력은 어떤 것들이 있었어?"

우리나라의 독립을 위해 우리들 스스로 힘을 키워야 한다는 운동이 펼쳐졌어. 이것을 **계몽 운동**이라고 해. 계몽 운동은 해외에서 새로운 신교육을 받은 사람들이 앞장섰어. 이들은 우리나라의 힘과 실력을 키워 독립을 이루려고 했지.

또 독립을 위해 비밀스럽게 조직한 **비밀 결사 단체**인 **신민회**라는 모임도 있었어. **안창호** 등이 조직한 신민회에서는 백성들에게 애국심과 민족의식을 갖게 하고 학교를

세워 청소년을 가르치는가 하면 상공업기관을 만들어 국민들의 부를 늘일 수 있도록 했어.

학교를 세워 백성들을 배우게 해 독립을 향해 나아가려는 <u>교육 운동</u>도 계속되었어. 그동안 나라에서 소학교, 중학교, 외국어 학교 등 여러 학교를 세웠지만 나라 살림이 부족해서 제대로 운영되지 못했어.

그래서 1900년대 중반부터는 나라가 아닌, 계몽 운동을 펼치는 사람이나 단체가 학교를 세우기 시작했지. 이들은 교육을 통해 힘을 길러 나라의 주권을 다시 일으키려는 마음으로 학교를 세웠어. 보성 학교, 숙명 여학교, 평양 대성 학교 등이 세워졌어. 교육 운동이 온 나라로 퍼지자, 일본은 학교를 탄압하기 시작했지.

"언론의 힘도 컸을 것 같아!"

신문이나 글을 통해 일본의 부당함을 알리는 <u>언론, 출판 운동</u>도 있었어. 서재필이 〈독립신문〉을 내놓은 지 2년 뒤 〈매일신문〉, 〈제국신문〉, 〈황성신문〉 등이 발간되었어.

양기탁이 영국 사람과 함께 펴낸 〈대한매일신보〉도 있었지. 신문은 일본이 우리나라를 강제로 빼앗은 일이나, 의병의 활약 등을 많은 사람에게 알렸어.

민족 종교 운동도 일어났어. 그 출발점은 1860년에 시작된 동학이었지. 19세기 후반으로 접어들면서 관직에 오르지 못한 양반들이나 악독한 관리 밑에서 고통받는 백성들의 불만이 점점 커졌어. 이런 가운데 동학은 백성들의 관심을 끌며 퍼져 나갔지. 동학은 단순한 종교에 그치지 않고 나쁜 관리들이나 외세의 침략에 맞서는 **민족 운동**의 성격도 함께 가지고 있었어.

"1894년에 일어난 동학 농민 운동이 대표적인 민족 운동이었지?"

맞아. 그 후 일본에게 나라를 빼앗길 지경에 이르자 동학은 달라지기 시작했어. 동학의 제3대 교주인 **손병희**는 동학을 이어 나가면서도 새로운 종교로서 **천도교**를 만들었어. 천도교는 근대 종교로 발전하면서 국민을 일깨우고자 했어. 나라를 튼튼히 하고 민족을 다시 일으켜 세우는 힘은 민족의식을 일깨우는 데서 나온다고 생각하며 민족 종교 운동을 힘차게 펼쳤지.

"그런데 국채 보상 운동은 뭐야?"

당시 우리나라는 일본에게 1,300만 원이라는 엄청난 빚을 지고 있었어. 우리나라에 재정 고문으로 온 일본 관리가 네 차례에 걸쳐 큰 액수의 차관을 들여왔기 때문이야. 차관이란 한 나라가 다른 나라에서 돈을 빌려오는 것을 말해. 일본은 우리나라의 경제를 위협하고 우리나라의 재정을 완전히 일본에 속하게 만들기 위해 선심쓰듯 자금을 빌려주었지.

일본에게 빌린 돈은 우리나라 살림으로는 도저히 갚을 수 없는 큰 액수였어. 그래서 국민들이 쓸 돈을 아끼고 금붙이, 은가락지 등을 팔아 나라의 빚을 갚자는 운동이 시작된 거지. 이것이 **국채 보상 운동**이야.

국채 보상 운동은 남녀노소 구별없이 많은 사람이 함께

했어. 남자들은 담배를 덜 피우고 여자들은 반찬값을 아꼈고, 어린이도 용돈을 모았어. 노동자들은 힘들게 일한 돈을 내놓았고 농민은 곡식을 판 돈을 냈지. 황제와 정부 대신들도 담배를 끊고 운동에 참여했어.

 국채 보상 운동은 국내뿐만 아니라 해외에까지 퍼져 일본 유학생이나 미국에 사는 교포들까지 돈을 보내왔어. 국채 보상 운동은 온 민족이 함께한 애국 운동이라는 점에서 큰 의의가 있어.

"와, 온 나라 사람들이 뜻을 함께하고 힘을 보탰구나."

 이뿐만 아니라 학문을 통해 나라를 구하려는 노력도 있었어.

 우리나라에는 오랫동안 전해 내려온 구학인 유학이 있었지. 그런데 나라의 문을 연 뒤 서양의 근대 학문인 신학이 새롭게 들어왔어. 처음에 사람들은 새로운 학문인 신학이 나라를 망칠 것이라며 밀어냈어. 하지만 나라를 지키고 독립을 이루려면 신학을 배워야 한다는 생각이 점점 퍼지기 시작했지.

그러면서 사람들은 민족 스스로의 힘을 키우고, 문화유산을 이어 가고 발전시키는 데도 관심을 기울였어. 국어와 국문학 그리고 우리나라의 역사 등을 연구하고 더 널리 알리기 위해 노력했지. **박은식**, **신채호** 같은 학자들은 우리나라의 역사를 열심히 연구했어. 백성들이 역사에 관심을 갖도록 이끌면서 기울어 가는 나라를 바로잡으려고 한 거야. 이것을 **국학 운동**이라고 해.

우리나라의 독립을 위해 직접 무기를 들고 **의열 투쟁**에 나선 사람들도 있었어. 의열 투쟁은 혼자의 힘으로, 또는 몇몇 사람이 힘을 모아 친일파 혹은 일본 고위급 관리를 처단하거나 통치기관을 공격하는 것을 말해. 불의에 맞서고 우리나라의 독립을 위해 자신의 목숨을 내건 의로운 행동이지.

우리는 이렇게 의열 투쟁을 한 사람들을 **의사**라고 불러. 이 의사들은 우리나라를 침략한 일본에 맞서 목숨을 걸고 저항한 사람들이야.

"어떤 의사들이 있었어?"

대표적인 인물로는 장인환, 전명운, 이재명, 안중근 등이 있어.

장인환과 전명운은 미국에서 일본에게 큰 도움을 주었던 스티븐스에게 총을 쏘았어. 두 사람은 "대한제국 만세!"를 외치며 자주독립을 위한 정당한 행동이었다는 것을 알렸지. 스티븐스는 탄환제거 수술을 받다가 사망했어.

이재명은 명동 성당에서 나라를 팔아넘긴 을사오적 중 한 사람인 이완용을 없애려고 했어. 이완용은 복부와 어깨에 중상을 입었지.

"안중근 의사는 어떤 일을 했어?"

안중근은 중국의 하얼빈에서 이토 히로부미를 없앴어. 이토 히로부미는 을사늑약을 맺는 데 큰 역할을 하고 우리나라를 일본의 식민지로 만드는 데 앞장선 사람이었

지. 그런 만큼 안중근이 이토 히로부미를 없앤 것은 매우 의미 있고 정의로운 의거였어.

 의거를 마치고 붙잡힌 안중근은 당당하게 죽음을 택했지. 그는 죽음을 앞둔 마지막 순간까지도 우리나라의 독립을 간절히 원했어. 안중근은 마지막으로 이런 말을 남겼어.

"대한 독립의 소식이 천국에 들려오면 나는 마땅히 춤추며 만세를 부를 것이다."

"정말 많은 사람이 무너지는 나라를 위해 모든 것을 바쳤구나."

 그래, 맞아. 나라 곳곳에서 수많은 사람들이 들고일어나 독립을 위해 애썼어. 일본 통감부는 보안법을 내세워 나라를 구하고자 일어난 의병 운동과 계몽 운동을 철저하게 짓밟았어. 하지만 나라를 구하려는 우리의 마음은 식지 않았지.

스스로 일어나 목숨을 아끼지 않고 40년 동안 독립운동을 벌인 끝에 마침내 우리는 빼앗긴 나라를 되찾고 <u>대한민국 정부</u>를 세울 수 있었어.

이런 말이 있어.

"역사를 잊은 민족에게 미래는 없다."

역사의 중요성을 강조하는 말이야. 이제까지 살펴본 우리나라의 근대 역사를 다시 한번 차근차근 되새겨 보기를 바라며 이만 마무리할게.

교양 꿀꺽

우리나라 근대에는 어떤 일이 있었을까?

초판 1쇄 발행 2025. 2. 28.

지은이	이계형
그린이	천현정
발행인	이상용 이성훈
발행처	봄마중
출판등록	제2022-000024호
주소	경기도 파주시 회동길 363-15
대표전화	031-955-6031
팩스	031-955-6036
전자우편	bom-majung@naver.com

ISBN 979-11-92595-41-2 73910

값은 뒤표지에 있습니다.
잘못된 책은 구입한 서점에서 바꾸어 드립니다.
본 도서에 대한 문의사항은 이메일을 통해 주십시오.

봄마중은 청아출판사의 청소년·아동 브랜드입니다.